D1719108

Anja Rieger, geboren 1961 in Saarbrücken, lebt heute in Berlin.
Nach einer Ausbildung an der Staatlichen Zeichenakademie Hanau
studierte sie Visuelle Kommunikation an der Hochschule der Künste
Berlin (Abschluss als Diplom-Designerin). Es folgten Tätigkeiten in
verschiedenen Agenturen als Grafikerin und Art Directorin.
Seit 1993 ist Anja Rieger freiberuflich für die Industrie,
Werbeagenturen und Verlage tätig.

Anja Rieger erhielt mehrere Auszeichnungen: 1979 Buchpreis
(für Serigraphie) durch die damalige rheinland-pfälzische
Kultusministerin Dr. Hanna-Renate Laurien, 1995 Preisträgerin
im European Regional Design Wettbewerb. 1997 und 1998
Teilnahme an der Kinderbuchillustratorenschau in Bologna;
Ausstellungen in Saarbrücken, Trier und Berlin.

Im Baumhaus Verlag ist von Anja Rieger außerdem erschienen:
Lena und Paul
Lena, Susie und Paul
Paul ist weg!
Paul in Not
Ein Eisbärchen für Ole
Ostermann und Weihnachtshase
Rot ist toll! / Gelb ist toll!
Blau ist toll! / Grün ist toll!

Die Deutsche Bibliothek – CIP-Einheitsaufnahme
Ein Titeldatensatz für diese Publikation ist bei
Der Deutschen Bibliothek erhältlich.
ISBN 3-909481-83-3

© 2001 by Baumhaus Medien AG Frankfurt – Zürich

Lektorat: Sabine Conrad
Lithos: Photolitho, Gossau/Zürich
Printed in Belgium by Proost, Turnhout

Gesamtverzeichnis schickt gern: Baumhaus Medien AG,
Seelenberger Straße 4, D-60489 Frankfurt am Main
http://www.baumhaus-ag.de

5 4 3 2 1 01 02 03 04 2005

Paul hat Geburtstag

Anja Rieger

für alle Geburtstagskinder

BAUMHAUS VERLAG

Lena und Teddy Paul sind die besten Freunde.

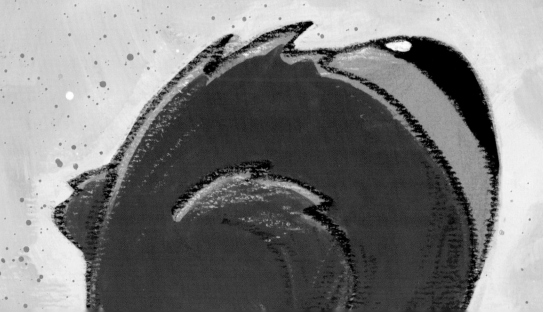

Diese Woche ist Lena bei Ida zum Geburtstag
eingeladen. Und Papa hat ja auch bald Geburtstag,
stellt Lena bei einem Blick
auf ihren Kalender fest.
„Aber wie ist das eigentlich
mit Paul?", überlegt sie.

„Am besten ich frag Opa", beschließt Lena, „er muss es wissen. Schließlich habe ich Paul von Opa geschenkt bekommen." Lena ruft ihn an.

„Bei Stofftieren weiß das keiner so genau",
erklärt Opa. „Deshalb darf das Kind, dem
das Tier gehört, den Geburtstag selber
bestimmen."

„Du hast *morgen* Geburtstag", jubelt Lena und wirft Paul in die Luft. „Da bekommt man einen Kuchen und Geschenke und alle kommen zum Feiern und sind ganz nett zu einem."
Au ja. Das findet Paul prima.

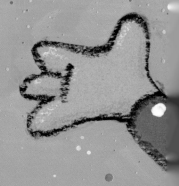

Paul kann vor Aufregung gar nicht einschlafen.
Was er wohl geschenkt bekommt? Er wird doch
nicht etwa morgen das Piratenschiff . . . ?

Als Paul am nächsten Morgen aufwacht,
ist der Platz neben ihm leer. Voller Neugier
sucht er nach seinem Geschenk, kann es aber
nirgendwo entdecken.

Paul wartet. Und wann feiern wir jetzt Geburtstag? Aber Lena kümmert sich gar nicht um ihn. „Ich habe jetzt keine Zeit", sagt sie und läuft schnell an ihm vorbei. Haben denn alle meinen Geburtstag vergessen?, fragt sich Paul.

In der Küche hört Paul Lena mit Mama lachen. Und er darf nicht dabei sein.

Dann mache ich eben meine eigene
Geburtstagsparty!, beschließt Paul.
Sein Püppchen und Susie hat er schon
um sich versammelt – da fliegt plötzlich
die Tür auf . . .

… und Lena und Mama kommen mit einer
Torte und einem großen Geschenk ins Zimmer.
„Herzlichen Glückwunsch zum Geburtstag,
Paul!", ruft Lena.
„Herzlichen Glückwunsch, Paul!", sagt Mama.

Lena schiebt Paul das große Paket zwischen
die Tatzen. Pauls Herz schlägt ganz heftig.
Ob das . . . ?

Es *ist* das Piratenschiff, das er sich schon so lange gewünscht hat. Und Lena hat es nicht vergessen!